Un Précurseur français de Copernic : Nicole Oresme (1377)

PAR

Pierre DUHEM

PROFESSEUR À LA FACULTÉ DES SCIENCES DE L'UNIVERSITÉ
DE BORDEAUX

Extrait de la *REVUE GÉNÉRALE DES SCIENCES*
du 15 Novembre 1909

PARIS

LIBRAIRIE ARMAND COLIN
5, RUE DE MÉZIÈRES, 5

1909

Revue générale

des Sciences

pures et appliquées

Directeur : **LOUIS OLIVIER**, Docteur ès Sciences

Avec l'an 1910, la Revue générale des Sciences entre dans sa vingt et unième année. Devenue la plus importante de toutes les Revues scientifiques, elle a attiré à elle les savants du monde entier, et s'est imposée, en tous pays, à l'élite qui pense et qui travaille.

C'est à son **programme** même et à la façon dont elle lui est restée fidèle, qu'elle doit un tel succès. A une époque où il n'est plus possible de s'isoler étroitement dans une spécialité, elle rend un service de premier ordre au public instruit en le tenant constamment au courant du progrès en chaque science.

Suivant ce **progrès** depuis les hypothèses qui le suscitent et les expériences qui l'engendrent jusqu'à l'application qu'il comporte, décrivant les découvertes depuis le laboratoire, où elles naissent, jusqu'à l'usine, où elles aboutissent, la Revue générale des Sciences a vu venir à elle des hommes de toutes professions et de toutes nationalités :

Philosophes attentifs au mouvement général des idées;

(Voir la suite page 3 de la couverture.)

Un Précurseur français

de Copernic :

Nicole Oresme (1377)

PAR

Pierre DUHEM

PROFESSEUR A LA FACULTÉ DES SCIENCES DE L'UNIVERSITÉ
DE BORDEAUX

EXTRAIT DE LA *REVUE GÉNÉRALE DES SCIENCES*

du 15 Novembre 1909

PARIS

LIBRAIRIE ARMAND COLIN

5, RUE DE MÉZIÈRES, 5

1909

UN

PRÉCURSEUR FRANÇAIS

DE COPERNIC :

NICOLE ORESME (1377)

I. — Introduction.

En 1368[1], l'un des maîtres les plus autorisés de la Faculté des Arts de Paris, Albert de Helmstædt, surnommé Albert de Saxe, commentait le *Traité du Ciel et du Monde* d'Aristote. En une des *Questions* sur le second livre de ce traité, il se demandait « si la Terre, placée au milieu du Ciel comme au milieu du Monde, repose sans cesse ou se meut sans cesse ». Il écrivait[2] à ce propos :

« Au sujet de cette question ou conclusion, je dois dire qu'un de mes maîtres semble professer l'opinion suivante : Démontrer que le mouvement de la Terre et le repos du Ciel ne s'accordent pas avec les phénomènes est chose impossible.

---

[1] Sur cette date, voir : P. Duhem, *Jean Buridan et Léonard de Vinci*. I. Une date relative à Maître Albert de Saxe (*Bulletin Italien*, t. IX, p. 27; Janvier-Mars 1909).

[2] Alberti de Saxonia *Subtilissimæ quæstiones in libros de Cælo et Mundo*; in lib. II, quæst. XXVI (Éd. de Venise, 1492).

« Mais, sauf le respect que je lui dois, il me semble que c'est chose fort possible, et cela pour la raison suivante : Nous ne pouvons d'aucune manière, par le mouvement de la Terre et le repos du Ciel, sauver les conjonctions et les oppositions des planètes, non plus que les éclipses de Soleil et de Lune. Il est vrai que mon maître ne pose ni ne résout cette raison, bien qu'il pose et résolve plusieurs autres des preuves par lesquelles on s'efforce de nous persuader du repos de la Terre et du mouvement du Ciel. »

Il est très certain, et Albert a raison de l'affirmer, que le seul mouvement de la Terre ne saurait expliquer tous les phénomènes célestes ; il n'en est pas moins vrai que le mouvement diurne peut s'expliquer en laissant le Ciel immobile et en faisant tourner la Terre autour de l'axe du Monde, tout aussi bien qu'on l'expliquait en maintenant la Terre au repos et en faisant tourner le Ciel ; le témoignage d'Albert de Saxe nous apprend qu'au milieu du XIVe siècle, en l'Université de Paris, un de ses maîtres soutenait l'équivalence de ces deux explications et l'impossibilité de choisir entre elles à l'aide d'arguments tirés de l'expérience.

Ce maître, dont le nom nous est inconnu, n'avait pas réussi à convaincre Albert de Saxe ; n'avait-il pas eu plus de succès auprès de certains de ses élèves ?

Il convainquit au moins un de ceux qui suivaient les leçons de la Faculté des Arts vers le temps même où Albert de Saxe les entendait ; et l'adepte qu'il parvint à conquérir devait être l'un des personnages les plus importants de l'Université de Paris sous le

règne de Charles V ; nous avons nommé Nicole
Oresme.

Dès 1348, nous voyons[1] Maître Nicole Oresme, du
diocèse de Bayeux, étudier en Théologie à Paris. En
1356, il est grand-maître du Collège de Navarre. En
1362, déjà pourvu du grade de maître en Théologie,
il est nommé chanoine de Rouen. Le 18 mars 1364,
il est élevé au rang de doyen du chapitre. Le
3 août 1377, il devient évêque de Lisieux. Il meurt
à Lisieux le 11 juillet 1382.

L'activité intellectuelle d'Oresme fut très grande;
on lui doit un grand nombre d'ouvrages[2], les uns
composés en latin, les autres en un français qui en
fait, au XIVe siècle, l'un des maîtres de notre langue. Beaucoup de ses écrits ont pour objet de lutter
contre l'Astrologie. Son traité *De origine, natura,
jure et mutationibus monetarum*, dont il avait également donné une traduction française, le font
regarder par les économistes comme un précurseur;
et en étudiant son opuscule *De latitudinibus for-
marum*, Maximilien Curtze a montré[3] qu'en l'inven-
tion des coordonnées,'il avait devancé Descartes et
Fermat.

Charles V désirait répandre en son royaume les
connaissances réservées jusque-là aux clercs qui

---

[1] DENIFLÉ et CHATELAIN, *Chartularium Universitatis Pari
siensis*, tomus II, pars prior (1300-1350); p. 638 et p. 641, en
note.

[2] Voir, au sujet des écrits d'Oresme : FRANCIS MEUNIER,
Essai sur la vie et les ouvrages de Nicole Oresme; thèse
de Paris, 1857.

[3] Sur Nicole Oresme mathématicien, voir : MORITZ CAN-
TOR, *Vorlesungen über die Geschichte der Mathematik*,
2te Auflage. IIter Band, Leipzig, 1900; pp. 128-137.

possédaient le latin ; pour le seconder en ce dessein, il s'adressa au doyen du chapitre de Rouen, auquel, à maintes reprises, il avait manifesté sa confiance.

Oresme avait déjà composé en français un *Traicté de l'Espère* [de la Sphère], destiné à enseigner « la figure et la disposition du Monde, le nombre et l'ordre des éléments et les mouvements des corps du Ciel à tout homme qui est de franche condition et de noble engin ». Charles V le chargea de traduire en français et de commenter quelques-uns des écrits d'Aristote. Oresme donna ainsi la traduction, avec glose et commentaires, des *Éthiques* d'Aristote en 1370, des *Politiques* et des *Économiques* en 1371 ; ces écrits ont été imprimés au xvi⁰ siècle. Il donna également la traduction, avec commentaires, des quatre livres *Du Ciel et du Monde* d'Aristote.

Ce dernier ouvrage n'a jamais été imprimé ; mais on en possède diverses copies manuscrites.

La Bibliothèque Nationale en conserve une[1] qui est ornée de miniatures et porte la signature du Duc de Berry, frère de Charles V. Une autre copie[2], également contemporaine de Nicole Oresme, et fort correcte, a été mise à notre disposition par la Direction des Manuscrits de la Bibliothèque Nationale[3]. C'est de cette copie que sont extraits les textes que nous allons donner.

---

[1] Bibliothèque Nationale, fonds français, n⁰ 565.
[2] Bibliothèque Nationale, fonds français, n⁰ 1083.
[3] Une très obligeante indication de M. Omont, directeur du Département des Manuscrits à la Bibliothèque Nationale, nous a permis de consulter ce texte. Nous lui demandons la permission de lui exprimer ici notre gratitude.

L'ouvrage de Nicole Oresme commence en ces termes :

« Au nom de Dieu[1], cy commence le livre d'Aristote appelé du Ciel et du Monde, lequel, du commendement de très souverain et très excellent prince, Charles le Quint de cest nom, par la grâce de Dieu Roy de France, désirant et amant toutes nobles sciences,

» Je, Nicole Oresme, Doyen de l'église de Rouen, propose translater et exposer en françois. »

Il se termine par une page où nous trouvons ce passage :

« Et ainsi, à laude de Dieu, j'ay accompli le livre du Ciel et du Monde au commendement de très excellent prince Charles Quint de ce nom, par la grâce de Dieu Roy de France, lequel, en ce faisant, m'a fait évesque de Lisieux. »

Cette phrase nous fait connaître la date de l'ouvrage, puisque Oresme fut nommé évêque de Lisieux le 3 août 1377.

Au second livre du *Traité du Ciel et du Monde*, Aristote établit que la Terre demeure immobile au milieu du Monde; c'est l'objet des deux chapitres qu'en sa traduction, Nicole Oresme intitule ainsi :

Au XXIVe Chapitre, il commance à déterminer

---

[1] Nous gardons scrupuleusement le langage d'Oresme. L'orthographe de certains mots varie beaucoup, au cours de l'ouvrage, selon le caprice du copiste; entre ces orthographes diverses, nous avons choisi celle qui se rapproche le plus de l'orthographe actuelle. Le seul signe de ponctuation qui figure au texte manuscrit est le point; les autres ont été introduits par nous; il en est de même de l'apostrophe, inconnue au temps d'Oresme; le copiste écrit, par exemple, *il sensuit* là où nous écrivons : *il s'ensuit*.

de la Terre, en tant comme elle est centre du Monde, et premièrement de son lieu, en reprenant autres oppinions.

Au XXVe Chapitre, il récite les oppinions d'aucuns du mouvement de la Terre.

Après avoir traduit et « glousé » ces deux chapitres, Oresme expose sa propre opinion dans les termes suivants[1] :

II. — Que l'on ne pourroit prouver par quelconque expérience que le Ciel soit meu de mouvement journal et la Terre non[2].

Mes, soubs toute correction, il me semble que l'on pourroit bien soutenir et colorer la derrenière oppinion, c'est assavoir que la Terre est meue de mouvement journal et le Ciel non.

Et premièrement, je vueil [déclairer que l'on ne pourroit monstrer le contraire par quelconque expérience; secundement, ne par raisons; et, tiercement, remettre raisons à ce.

Quant au premier point, une expérience est que nous voyons sensiblement le Solail et la Lune et plusieurs des estoilles de jour en jour lever et rescoucer, et aucunes tournoier entour le pôle

---

[1] Bibl. Nat., fonds français, ms. n° 1083, fol. 87, col. *a*, à fol. 90, col. *b*.

[2] Ce titre et les trois titres analogues que l'on trouvera plus loin n'occupent pas, dans le manuscrit, la place que nous leur avons donnée; on les trouve en une table des « chouses bien notables » contenues aux deux premiers livres de l'ouvrage d'Aristote et du commentaire d'Oresme, table qu'Oresme a mise après le second livre (Ms. cit., fol. 122, col. *a*, à fol. 124, col. *b*.)

artique, et ce ne peut estre fors par le mouvement
du Ciel, sicomme il fut monstré au XVI⁰ Chapitre ;
et doncques est le Ciel meu de mouvement journal.

Une autre expérience est : Car si la Terre est
ainsi meue, elle faict I tour parfait en I jour naturel, et doncques nous, et les arbres, et les maisons
sommes meus vers orient très isnelment[1] ; et ainsi
il nous sembleroit que l'aer et le vent ventist tousjours très fort devers orient et bruerait auxi comme
il fait contre un carreau ; et le contraire appert par
expérience.

La tierce est que met Ptholémée : Car qui seroit
en une naif meue très isnelment vers orient et
trairoit une saecte[2] tout droit en haut, elle ne cherroit pas en la naif, mes bien loing de la naif vers
occident ; et semblablement si la terre est meue si
très isnelment en tournant d'occident en orient,
posé que l'on giestast une pierre tout droit en haut,
elle ne cherroit pas au lieu dont elle part, mes bien
loing vers occident ; et le contraire appert de fait.

Il me semble que par ce que je disoie à ces expériences, l'on pourroit respondre à toutes autres qui
seroient amenées à cest propos.

Et doncques, je met premièrement que toute la
machine corporelle ou toute la masse de tous les
corps du Monde est divisée en deux parties :

Une est le Ciel, ouvecques l'espère[3] du feu et la
haute région de l'aer ; et toute ceste partie, selon

---

[1] *Isnelté, ysnelté, ysnelleté* signifie : *vitesse*; *isnelment*
ou *ysnelment* signifie : *vite*; *isnel* ou *ysnel*, signifie : *rapide.*

[2] Saecte = flèche (*Sagitta*).

[3] Espère = sphère.

Aristote, au premier des *Méthéores*, est meue de mouvement journal[1].

L'autre partie est tout le mourant : c'est assavoir la moenne et la basse région de l'aer, l'eaue, et la terre, et les corps mixtes; toute cette partie est immobille de mouvement journal.

Item, je suppose que le mouvement local ne peut estre sensiblement apperceu fors en tant comme l'on apperçoit un corps soy avoir autrement au regart d'autre corps. Et pour ce, si un homme est en une naif appelée A, qui soit meue très souef[2], isnelment ou tardifvement, et que cest homme ne voie autre chouse, fors une autre naif appelée B, qui soit meue de tout semblablement comme A en quoy il est, je di qu'il semblera à cest homme que l'une et l'autre ne se meuve; et si A repose et B est meue, il lui appert et semble que B est meue; et si A est meue et B repose, il lui semble comme devant que A repose et que B est meue.

Et ainsi, si A reposoit par une heure et B feust meue, et tantoust en l'autre heure ensuyvant feust *econverso*, que A feust meue et B reposast, cest homme ne pourroit appercevoir ceste mutacion ou variacion, mes continuelment que B feust meue; et ce appert par expérience.

Et la cause est que ces deux corps A et B ont continuelment autre regart un à l'autre, en telle manière dutout quant A est meu et B repose, comme il ont quant *econverso*, quant B est meu et A repose.

---

[1] Aristote en donnait pour preuve le mouvement diurne des comètes qui se forment, croyait-il, en la région la plus élevée de l'air.

[2] Souef = doucement (*suaviter*).

Et il appert au quart livre de la *Perspective* de
Witelo[1] que l'on n'apperçoit mouvement fors tellement comme l'on apperçoit un corps soy avoir
autrement au regart d'un autre.

Je di doncques que si, de ces deux parties du
Monde dessus dictes, celle dessus estoit au jour
d'huy meue de mouvement journal, comme si est,
et celle de bas non; et demain feust le contraire, que
celle de cy bas feust meue de mouvement journal,
et l'autre non, c'est assavoir le Ciel etc., nous ne
pourrion appercevoir en rien ceste mutacion, mes
tout sembleroit estre en une manière huy et demain
quant à ce. Et nous sembleroit continuellement que
la partie où nous sommes reposast et que l'autre
feust tousjours meue; auxi comme il semble à un
homme qui est en une naif meue que les arbres
dehors sont meus.

Et semblablement, si un homme estoit au Ciel,
posé qu'il soit meu de movement journal, et que
cest homme qui est porté ouvecques le Ciel veoit
cleirement la Terre et distinctement les mons, les
vauls, fleuves, villes et chastiaux, il lui sembleroit
que la Terre feust meue de mouvement journal,
auxi comme il semble du Ciel à nous qui sommes à
Terre.

Et semblablement si la Terre estoit meue de
mouvement journal et le Ciel non, il nous sembleroit que la Terre reposast et que le Ciel feust meu;

---

[1] Le nom de cet opticien de la fin du xiiie siècle est géné-
ralement écrit *Vilello* ou *Vitellio*. Maximilian Curtze a sou-
tenu (*Bulletino* de BONCOMPAGNI, t. IV, p. 49; 1871) que ce
nom devait s'orthographier *Witelo*. Cette orthographe est
justement celle qu'a adoptée Nicole Oresme.

et ce peut ymaginer légièrement chascun qui a bon entendement.

Et par ce appert cleirement la responce de la première expérience, car l'on diroit que le Solail et les estoilles appairent auxi couscher et lever et le Ciel tourner pour le mouvement de la Terre et des ellémens où nous habitons.

A la secunde, appert la responce par ce que, selon ceste oppinion, la Terre seulement n'est pas auxi meue, mes ouvecques ce, l'eaue et l'aer, comme dit est; quant combien que l'eaue et l'aer de cy bas soient meus autrement par les vens ou par les autres causes; et est semblable comme si en une naif meue, estoit aer enclos; il sembleroit à celuy qui seroit en tel aer que il ne se meust,

A la tierce expérience, qui semble plus forte, de la saecte ou pierre jetée en haut etc., l'on diroit que la saecte traicte en haut, ouvecques ce trait, est meue vers orient très isnelment ouvecques l'aer par my lequel elle passe et ouvecques toute la masse de la basse partie du Monde devant signée qui est meue de mouvement journal; et pour ce la saecte rechiet au lieu de terre dont elle est parti.

Et telle chouse appert possible par semblable; car, si un homme estoit en une naif meue vers orient tres isnelment sans ce qu'il apperceust ce mouvement, et il tiroit sa main en descendant et en descrissant une droicte ligne contre le maast de la naif, il lui sembleroit que sa main ne feust meue fors de mouvement droit; et ainsi, selon ceste oppinion, nous semble de la saecte qui descent ou monte droit en bas ou en haut.

Item, dedans la naif ainsi meue comme dit est, peuvent estre mouvemens du lonc, du travers, en haut, en bas, en toutes manières, et semblent estre du tout comme si la naif reposast, et pour ce, si un homme eu telle naif alloit vers occident moins isnelment qu'elle ne va vers orient, il lui sembleroit qu'il approicheroit vers occident, et il approiche vers orient; mes semblablement, en cas devant mis, tous les mouvemens de cy bas sembleroient estre comme si la Terre reposast.

Item, pour déclairer la responce à la tierce expérience, après cet exemple artificiel, j'en vueil mettre un autre naturel, lequel est vray selon Aristote; et posé que, en la haute région de l'aer, soit une porcion de pur feu appelé A qui soit très léger, en tant que par ce il monte au plus haut, au lieu appelé B (fig. 1), près de la superfice concave du Ciel. Je di que, auxi comme il seroit de la saecte au cas dessus mis, il convient en cestuy que le mouvement de A soit composé de mouvement droit et de partie circulaire; car la région de l'aer et les espères du feu par lesquelles A passa sont meues selon Aristote de mouvement circulaire.

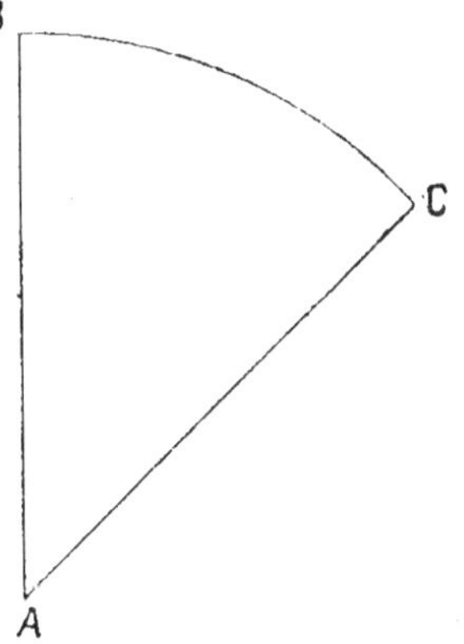

Fig. 1.

Et doncques, se il n'estoient ainsi meues, A monteroit tout droit en haut par la ligne AB; mes pour ce que, par mouvement circulaire et journal, B est entre temps translaté sicques[1] en droit C, il appert que A, en montant, descrit la ligne AC, et est le mouvement de A composé de mouvement droit et circulaire; et ainsi seroit le mouvement de la saecte comme dit est; et de telle composicion ou mixtion de mouvemens fut dit au tiers Chapitre du Premier.

Je conclut doncques que l'on ne porroit par quelconque expérience monstrer que le Ciel feust meu de mouvement journal et que la Terre ne feust ainsi meue.

III. — QUE CE NE POURROIT ESTRE PROUVÉ PAR RAISON.

Quant au secunt point, si ce povoit estre monstré par raisons, il me semble que ce seroit par celles qui s'ensuivent, auxquelles je respondré tellement que, par ce, l'on pourroit respondre à toutes autres à ce pertinentes.

Premièrement tout corps simple a un seul simple mouvement, et la Terre est un ellément simple qui a selon ses parties droit mouvement naturel en descendant; et doncques elle ne peut avoir autre mouvement; et tout ce appert par le quart Chapitre du Premier.

Item, mouvement circulaire n'est pas naturel à la Terre, car elle a un autre, comme dit est; et se il lui est violent, il ne pourroit estre perpétuel, selon ce qu'il appert au Premier Livre, en plusieurs lieux.

Item, tout mouvement local est au regard d'aucun

---

[1] Sicques = jusques.

corps qui repose, selon ce que dit Adverrois au
VIIIe Chapitre; et pour ce il conclut que il convient
par nécessité que la Terre repose au milieu du Ciel.

Item, tout mouvement est fait par aucune vertu
motive, sicomme il appert au VIIe et VIIIe de
Phisique, et la Terre ne peut estre meue circulairement par sa pesanteur; et si elle est ainsi meue
par vertu dehors, tel mouvement seroit violent et
non perpétuel.

Item, si le Ciel n'estoit meu de mouvement journal, toute Astrologie[1] seroit faulse, et une grande
partie de Philosophie naturelle, où l'on suppose
partout ce mouvement au Ciel.

Item, ce semble estre contre la Sainte Escripture
qui dit : *Oritur Sol et occidit, et ad locum suum
revertitur, ibique renascens gyrat per meridiem,
et flectitur ad aquilonem; in circuitu pergit species
et in circulos suos revertitur.*

Et ainsi est il escript de la Terre que Dieu la fit
immobile : *Et enim firmavit orbem Terræ qui non
commovebitur.*

Item, l'Escripture dit que le Solail s'arresta au
temps de Josué et que il retourna au temps du roy
Ézéchias; et si la Terre feust meue comme dit est,
et le Ciel non, tel arrestement eust esté retournement, et le retournement que dit est eust plus esté
arrestement, et c'est contre ce que dit l'Escripture.

Au premier argument, où il est dit que tout
corps simple a un seul simple mouvement, je di
que la Terre, qui est corps simple selon soy toute,

---

[1] Ce mot est pris ici dans le sens qu'a aujourd'hui le mot
Astronomie.

non a quelconque mouvement selon Aristote,
comme il appert au XXIIe Chapitre.

Et qui diroit que tel corps a un seul mouvement simple non pas selon soy tout, mes selon ses
parties, et seulement quant elles sont hors de leur
lieu, contre ce est forte instance de l'aer qui descent quant il est en la région du feu et monte
quant il est en la région de l'eaue, et ce sont deux
simples mouvements.

Et pour ce, l'on peut dire moult plus raisonna-
blement que chascun corps simple ou ellément du
Monde, excepté par aventure le souverain Ciel, est
meu en son lieu naturellement de mouvement circulaire.

Et si aucune partie de tel corps est hors de son
lieu et de son tout, elle y retorne plus droit qu'elle
peut, osté empeschement.

Et ainsy seroit il d'une partie du Ciel si elle estoit
hors du Ciel ; et n'est pas inconvénient que un
corps simple selon soy tout ait un simple mouvement en son lieu, et autre mouvement selon ses
parties en retournant en leur lieu ; et convient telle
chouse octroier selon Aristote, si comme je diré
tantoust après.

Au secunt, je di que ce mouvement est naturel à
la Terre, toute et en son lieu, et néantmoins, elle a
autre mouvement naturel selon ses parties quant
elles sont hors de leur lieu naturel, et est mouvement droit et en bas.

Et selon Aristote, il convient octroier chouse
semblable de l'ellément du feu, qui est meu natu-
relment en haut selon ses parties quant elles sont
hors de leur lieu ; et ouvecques ce, selon Aristote,

tout cest ellément en son espère et en son lieu est
meu de mouvement journal perpétuellement, et ce
ne pourroit estre si ce mouvement estoit violent.
Et selon ceste oppinion, le feu n'est pas ainsi meu,
mes c'est la Terre.

Au tiers, où il est dit que tout mouvement requiert aucun corps reposant, je di que non, fors à
ce que tel mouvement puisse estre apperceu, et
oncor souffisoit il que tel autre corps fust meu
autrement; mes il ne requiert pas autre corps quant
à ce que tel mouvement soit, si comme il fust déclairé au VIIIe chapitre.

Car posé que le Ciel soit meu de mouvement
journal, et que la Terre feust meue semblablement,
ou au contraire, ou que par ymagination elle fust
adnichillée, pour ce ne cesseroit pas le mouvement
du Ciel, et ne seroit pour ce ne plus isnel ne plus
tardif, car l'intelligence qui le meut ne le corps qui
est meu ne seroient pas pour ce autrement disposés.

D'autre partie, posé que le mouvement circulaire
requerist autre corps reposant, il ne convient pas
que ce corps reposant soit au milieu de ce corps
ainsi meu, car, au milieu de la mole d'un molin ou
d'une telle chouse meue, rien ne repose, fors un
tout seul point mathématique qui n'est pas corps;
ne aussi au milieu du mouvement de l'estoille qui
est près du pôle artique.

Et doncques l'on pourroit dire que le souverain
Ciel repose ou est meu autrement que les autres
corps pour ce que il est requis à ce que les autres
mouvemens soient ou à ce que seuls soient percep-
tibles.

Au quart, l'on peut dire que la vertu qui ainsi

meut en circuite cette basse partie du Monde, c'est
sa nature, sa forme; et est ce même qui meut la
Terre à son lieu quant elle en est hors, ou par telle
nature comme le fer est meu à l'aymant.

D'autre partie, je demande à Aristote quelle
vertu meut le feu, en son espère, de mouvement
journal; car l'on ne peut pas dire que le Ciel le
traie ainsi ou ravice par violence, tant pource que
tel mouvement est perpétuel, tant pource que la
superfice concave est très polie, sicomme il fut dit
au XIe Chapitre, et pour ce elle passe sur le feu très
souef, sans fréer, sans tirer, sans bouter, sicomme
il fut dit au XVIIIe Chapitre.

Et doncques convient dire que le feu est ainsi
meu circulairement de sa nature et par sa forme,
ou par aucune intelligence, ou par influence du
Ciel.

Et semblablement peut dire de la Terre cellui qui
met qu'elle est meue de mouvement journal, et le
feu non.

Au quint, où est dit que, si le Ciel ne faisoit un
circuite de jour en jour, toute Astrologie seroit
faulse etc., je di que non, car tous regars, toutes
conjuncions, toutes opposicions, constellacions,
figures et influences du Ciel seroient auxi comme
il sont du tout en tout, sicomme il appert par ce
que fut dit en la responce de la première expérience. Et les tables des mouvemens et tous autres
livres auxi vrais comme il sont, fors tant seulement que du Ciel selon apparence et en Terre selon
vérité; et ne s'ensuit autre effet de l'un plus que
de l'autre.

Et à ce propos fait ce que met Aristote au

XVIe chapitre, de ce que le Solail nous appert tourner et les estoilles sintiller ou ocilleter, car il dit que si la chouse que l'on voit estre meue, ou si le voiement est meu de mouvement journal.

Au sixte, de la Sainte Escripture qui dit que le Solail tourne etc., l'on diroit qu'elle se conferme en ceste partie à la manière de commun parler humain, auxi comme elle fait en plusieurs lieux, sicomme là où il est escript que Dieu se repanti, et courroça, et rapesa, et telles chouses qui ne sont pas ainsi comme la lettre sonne.

Et meisme près de notre propos lisons nous que Dieu queuvre le Ciel de nues : *Qui operit celum nubibus.* Et toutes voies, selon vérité, le Ciel queuvre les nues. Et ainsi diroit-l-on que le Ciel est meu selon apparence de mouvement journal et la Terre non ; et, selon vérité, il est au contraire.

Et de la Terre l'on diroit qu'elle ne se meut de son lieu ne à son lieu selon apparence, mes bien selon vérité.

Au VIIe, presque semblablement l'on diroit que, au temps de Josué, le Solail se arresta et, au temps de Ézéchias, il retorna, et tout selon apparence ; mes selon vérité, la Terre se arresta au temps de Josué, et avença ou hasta son mouvement au temps de Ézéchias, et en ce n'ont différence à l'effet qui s'ensuit, et ceste voie semble plus raisonnable que l'autre, sicomme il sera déclairé après.

IV. — Plusieurs belles persuasions a montrer que la Terre est meue de mouvement journal et le Ciel non.

Et quand au tiers point, je vueil mettre persuasions ou raisons par quoy il semble que la Terre soit meue comme dit est.

Premièrement, que toute chouse qui a mestier d'une autre chouse doit estre appliquée à recevoir le bien qu'elle a de l'autre par le mouvement d'elle, qui reçoit.

Et pour ce voions nous que chascun ellément est meu au lieu naturel où il est conservé et va en son lieu, mes son lieu ne va pas à luy.

Et doncques la Terre et les ellémens de cy bas, qui ont mestier de la chaleur et de l'influence du Ciel tout environ, doivent estre disposés par leur mouvement à recevoir ce proufit deuement.

Auxi, à parler familièrement, comme la chouse qui est roustie au feu reçoit environ elle la chaleur du feu pource que elle est tournée, et non pas pource que le feu soit tourné environ elle.

Item, au cas où ne expérience ne raison ne monstrent le contraire, sicomme dit est, c'est moult plus raisonnable que tous les principals mouvemens des simples corps du Monde soient et voiesent en procédant tous en une voie ou en une manière ; et ce ne pourroit estre selon les philosophes et les astrologues que tous feussent d'orient en occident. Mes si la Terre est meue comme dit est, tous procèdent en une voie d'occident en orient ; c'est assavoir la Terre en faisant son circuite en un

jour naturel sur les pôles de ce mouvement, et les
corps du Ciel sur les pôles du Zodiaque, et la Lune
en un moys, le Solail en un an, Mars en deux ans
ou environ, et ainsi des autres.

Et ne convient mettre au Ciel autres pôles principals, ne deux manières de mouvemens, un d'orient
en occident, et les autres auxi comme au contraire
et sur autres pôles, la chouse il conviendroit mettre
par nécessité si le Ciel estoit meu de mouvement
journal.

Item, par ceste manière, et non autrement, seroit
le pôle artique le dessus du Monde, en quelconque
lieu que ce pôle soit, et occident seroit la dextre
partie, en supposant l'ymaginacion que Aristote
met au quint Chapitre.

Et ainsi la partie de la Terre qui est habitable, et
meismement celle où nous sommes, seroit le dessus
de nous et la dextre du Monde, et au regart du Ciel,
et au regart de la Terre, car tout mouvement de
tels corps par ce seroit d'occident en orient, comme
dit est.

Et c'est raisonnable que habitation humaine soit
en plus noble lieu que soit sur terre.

Et si le Ciel est meu de mouvement journal, tout
le contraire a vérité, selon ce qu'il appert par Aristote au VIIe Chapitre.

Item, combien que Adverrois die au XXe Chapitre
que mouvement est plus noble que repos, le contraire appert, car, selon meisme Aristote en ce
Chapitre XXIIe, la plus noble chouse qui soit et qui
puisse estre a sa perfection sans mouvement : c'est
Dieu.

Item, repos est fin de mouvement et pour ce,

selon Aristote, les corps de cy bas sont meus à leurs lieux naturels pour euls y reposer.

Item, en signe que repos vault mieux, nous prions pour les mors que Dieu leur donne repos : *Requiem æternam* etc.

Et doncques reposer ou estre moins meu est mieux et plus noble condicion que estre meu ou plus meu, et plus loing de repos.

Et pour ce, appert la position dessus dicte très raisonnable ; car l'on diroit que la Terre, qui est le plus vil ellément, et les ellémens de cy bas font leur circuite très isnelment ; et l'aer soverain et le feu moins isnelment sicomme il appert aucunes fois par les comètes.

Et la Lune et son ciel encor plus tardifvement, car elle fait en un mois ce que la Terre fait en un jour naturel. Et ainsi, en procédant tousjours, les plus haux cieuls font leur révolution plus tardifvement, combien que, en ce, soit aucune instance. Et est ce procès siques au ciel des estoilles fichiés, lequel repose du tout, ou fait sa révolution très tardifvemement et, selon aucun, en XXXVI^M (36.000) ans ; c'est, en cent ans, meu par un degré.   .

Item, par ceste voie, et non par autre, peut estre légièrement solue la question que propouse Aristote au XXIe chapitre, ouvecques peu de addicion ; et ne convient pas mettre tant de degrez de chouses ne tèles difficultés obscures comme Aristote met en sa responce au XXIIe Chapitre.

Item, c'est chouse raisonnable que les ciels qui sont plus grans ou plus loing du centre facent leur circuite en révolucion en plus de temps que ceuls qui sont moins loing du centre ; car se il les faisoient en temps équal ou mendre, leurs mouvemens seroient très isnels excessivement; et doncques l'on diroit que nature recompense, et a ordrené que les révolucions des corps qui sont plus loing du centre soient faictes en plus grant temps.

Et pour ce, le souverain des ciels qui est meu fait son circuite ou sa révolucion en très lonc temps, et encor est il très grandement meu pour la grandeur de son circuite.

Mes la Terre qui fait très petite circuite, si l'a tantoust fait par mouvement journal. Et les autres corps moiens entre le plus haut et le plus bas font leurs révolucions moiennement, combien que ne soit pas proporcionnelment.

Et par ceste manière, une constellation qui est vers aquillon, *Major Ursa*, que nous appelons le char, ne va pas à reculons, le char devant les bœufs, sicomme il yroit posé qu'il feust meu de mouvement journal, mes va par droict ordre.

Item, tous philosophes dient que pour néant est fait par plusieurs ou par plus grandes opéracions ce qui peut estre fait par moins d'opéracions ou par plus petites. Et Aristote dit au VIIIe Chapitre que Dieu et Nature ne font rien pour néant.

Or est il ainsi que si le Ciel est meu de mouvement journal, il convient mettre ès principals corps du Monde et au Ciel deux manières de mouvemens auxi comme contraire, un d'orient en occident, et les autres *econverso*, comme souvent dit est.

Et ouvecques ce, il convient mettre une isnelté excessivement grande; car qui bien pense et consi-dère la hauteisce ou distance du Ciel et la grandeur de lui et de son circuite, si tel circuite est fait en un

jour, un homme ne pourroit ymaginer ne penser
l'isnelté du Ciel comme elle est merveilleusement et
excessivement grande, et auxi comme inoppinable et
inestimable.

Et doncques, puis que tous les effez que nous
voions peuvent estre fais, et toutes apparences
sabiées[1], pour mettre en lieu de ce une petite opéra-
cion, c'est assavoir le mouvement journal de la
Terre qui est très petite au regart du Ciel, sans
multiplier tant d'opéracions si diverses et si oultra-
geusement grandes, il s'ensuit que Dieu et Nature
les auroient pour néant faictes et ordrenées ; et
c'est inconvénient, comme dit est.

Item, posé que tout le Ciel soit meu de mouvement journal et, ouvecques ce, que la VIIIe espère
soit meue d'autre mouvement, sicomme mettent
les astrologiens, il convient selon euls une IXe espère
qui est meue seulement de mouvement journal.

Mes, posé que la Terre soit meue comme dit est,
le VIIIe Ciel est meu d'un seul mouvement tardif.

Et ainsi, par ceste voie, il ne convient pas songier
ne adunner[2] une IXe espère naturelle, invisible et
sans estoilles, car Dieu et Nature auroient pour
néant faicte telle espère, quant par autre voie toutes
chouses peuvent estre comme elles sont.

Item, quant Dieu fait aucun miracle, l'on doit
supposer et tenir que ce fait il sans muer le commun cors de nature, fors au moins que ce peut estre ;
et doncques, si l'on peut sauver que Dieu aloisgna
le jour au temps de Josué pour arrester le mouve-

---

[1] Sabiées = sauvées.
[2] Adunner = ajouter, adjoindre.

ment de la Terre ou de la région de ci bas seulement, laquelle est si très petite et auxi comme un point au regart du Ciel, sans mettre que tout le Monde ensemble, fors ce petit point, eust été mis hors de son commun cors, et meismement tels corps comme sont les corps du Ciel, c'est molt plus raisonnable; et ce peut estre ainsi salvé, sicomme il appert à la responce à la VIIe raison qui fut faicte contre ceste oppinion. Et semblablement pourroit-l-on dire du retour du Solail au temps de Ézéchias.

V. — Comment telles considéracions sont profitables pour la deffense de notre Foy.

Or appert comme l'on ne peut monstrer par quelconque expérience que le Ciel soit meu de mouvement journal; car comment qu'il soit posé, qu'il soit ainsi meu et la Terre non, ou le Ciel non meu et la Terre meue, si un oisel estoit au Ciel et il veist cleirement la Terre, elle sembleroit meue, et si le oiseau estoit en Terre, le Ciel sembleroit meu.

Et le voiement n'est pas pource déceu, car il ne sent ou voit fors que mouvement; mes se il est de tel corps ou de tel, ce jugement est fait par les sens dedans, sicomme il appert en Perspective; et sont tels sens souvent déceus en tel cas, sicomme il fut dit devant de celui qui est en la naif meue.

Après est monstré comment par raisons ne peut estre conclut que le Ciel soit ainsi meu.

Tiercement, ont esté mises raisons aucunes contraires, et qu'il n'est pas ainsi meu et la Terre non : *Deus enim firmavit orbem Terræ qui non commovebitur.*

Nonobstant les raisons au contraire; car ce sont persuasions qui ne concludent pas évidemment.

Mes considéré tout ce que dit est, l'on pourrait par ce croire que la Terre est ainsi meue et le Ciel non; et n'est pas évident du contraire.

Et toutes voies ce semble de prime face autant et plus contre raison naturèle comme sont les articles de notre Foy, ou tous, ou plusieurs.

Et ainsi ce que j'ay dit par esbatement en ceste matère peut valoir à confuter et reprendre ceuls qui vouldroient notre Foy par raisons impugner. »

VI. — Conclusion.

De cette dissertation en faveur du mouvement diurne de la Terre, Nicolas Copernic a-t-il eu connaissance? C'est une question à laquelle il serait bien malaisé de répondre d'une manière péremptoire.

Écrit en français, sur l'ordre du roi, à ses frais, par un des personnages les plus considérables de l'Université de Paris, le Commentaire au *Traité du Ciel et du Monde* composé par Maître Nicole Oresme dut jouir en France d'une grande vogue.

En revanche, le fait même qu'il était rédigé en langue française dut empêcher qu'il ne fût aisément connu dans les Universités étrangères.

Au début du XVI⁰ siècle, l'imprimerie française publia les autres traductions faites par Oresme, celle des *Éthiques* comme celle des *Politiques* et des *Économiques;* elle donna aussi, et par deux fois, ce *Traicté de l'Espère* que les manuscrits joignent souvent au *Traité du Ciel et du Monde,* conformément au désir qu'Oresme lui-même avait exprimé ; chose étrange, la presse délaissa le seul *Traité du Ciel et du Monde*.

Il est donc fort possible que Copernic ait ignoré ce traité.

Et d'autre part, quand on lit ce que Copernic a écrit[1] pour établir la possibilité et la vraisemblance du mouvement diurne de la Terre, on est frappé des analogies qui rapprochent la pensée du chanoine de Thorn de celle de l'évêque de Lisieux ; volontiers on prendrait les Chapitres du *De revolutionibus orbium cœlestium* pour un résumé, trop concis et quelque peu obscur, de ceux que nous avons trouvés au *Traité du Ciel et du Monde*.

Nicole Oresme n'a-t-il été que le précurseur de Nicolas Copernic? N'en a-t-il pas, en outre, été l'inspirateur? Nous posons la question sans oser formuler la réponse.

---

[1] Nicolai Copernici Torinensis *De revolutionibus orbium cœlestium liber primus*, Capp. VII, VIII et IX.

Paris. — L. MARETHEUX, imprimeur. 1, rue Cassette. — 3387.

Revue générale des Sciences
pures et appliquées.

Savants, physiciens, chimistes, géologues, biologistes, médecins, etc., avides d'élargir le champ de leurs recherches;

Géographes, colonisateurs, désireux d'introduire dans leur domaine la seule méthode qui permette de le bien explorer;

Agronomes, ingénieurs, industriels, soucieux de perfectionner la technique de leurs arts;

Administrateurs, politiques, économistes, convaincus qu'il appartient aujourd'hui à la Science de régler la vie des sociétés et d'intervenir comme guide dans toutes les transactions humaines;

Etc., etc.

____

COMPOSITION DE CHAQUE LIVRAISON DE LA REVUE

La REVUE GÉNÉRALE DES SCIENCES, pour bien faire connaître le mouvement scientifique dans son ensemble, a soin de publier EN CHACUNE DE SES LIVRAISONS :

1° **Une Chronique**, où sont signalés et décrits avec quelque développement les nouveautés ou événements scientifiques de la quinzaine écoulée;

2° **Des Articles de fond** qui exposent clairement l'état précis des grandes questions scientifiques à l'ordre du jour. Rédigés par les Maîtres de la Science, illustrés, quand il y a lieu, de gravures sur pierre ou sur bois, de photographies ou de cartes géographiques, ces articles s'appliquent d'une façon particulière à rassembler, classer et coordonner, au sujet de chaque grand problème d'actualité, toutes les recherches dont il a été l'objet, recherches éparses dans les Mémoires techniques, et qu'il importe de rapprocher et de critiquer pour en saisir la portée et le véritable enseignement. La *Revue* donne ainsi à ses lecteurs, sur toutes les questions scientifiques qui s'imposent à l'attention l'exacte *mise au point* de nos connaissances.

Non contente d'opérer cette synthèse de résultats partiels disséminés de tous côtés, elle entend prendre dans la Science une position d'avant-garde en s'efforçant de discerner et de signaler au public instruit les idées nouvelles dont le labeur contemporain semble préparer l'éclosion, les tendances variées des grandes Écoles scientifiques en France et à l'Étranger, le sens suivant lequel s'orientent, en toute discipline, les investigations des savants ;

3° **Des analyses bibliographiques** qui résument et critiquent les ouvrages récemment parus en tout ordre de science ;

4° **Le Compte rendu détaillé des travaux récemment soumis aux Académies et Sociétés savantes de la France et de l'Étranger**,

5° **Les Sommaires d'environ 300 Journaux scientifiques de la France et de l'Étranger.**

Librairie Armand Colin

5, rue de Mézières, Paris

La Revue paraît à Paris le 15 et le 30 de chaque mois.

Prix du numéro : 1 fr. 50

ABONNEMENT ANNUEL

Paris	25 fr.
Départements et Alsace-Lorraine	27 fr.
Colonies et Union postale	30 fr.

ABONNEMENT SEMESTRIEL

Paris	13 fr. 50
Départements et Alsace-Lorraine	14 fr. 50
Colonies et Union postale	15 fr. 50

Les abonnements partent du 15 de chaque mois.

Paris. — L. Maretheux, imprimeur, 1, rue Cassette. — 8387.